COURTES RÉFLEXIONS

SUR LES

POUVOIRS ÉLECTIFS

ET

HÉRÉDITAIRES.

IMPRIMERIE DE GUIRAUDET,
SAINT-HONORÉ, N. 315.

COURTES RÉFLEXIONS

SUR LES

POUVOIRS ELECTIFS,

ET

HÉRÉDITAIRES,

ET SUR

L'ÉQUILIBRE QU'IL FAUT ÉTABLIR

ENTRE EUX.

Ponderibus librata suis.
Ovid., *Metamorph.*

PARIS,

CHEZ LEDOYEN, LIBRAIRE,

PALAIS-ROYAL.

1831.

COURTES RÉFLEXIONS

SUR LES

POUVOIRS ÉLECTIFS

ET

HÉRÉDITAIRES.

DE LA NÉCESSITÉ D'ÉTABLIR L'ÉQUILIBRE
ENTRE LE POUVOIR ÉLECTIF ET LE POUVOIR
HÉRÉDITAIRE.

Le pouvoir électif, qui, après avoir existé
long-temps chez nos ancêtres, avait fini par dis-
paraître sous le poids des institutions féodales et
du gouvernement absolu, n'a reparu en France
qu'à l'époque de notre révolution. C'était alors
un pouvoir entièrement *inconnu*, car on igno-
rait sa force et son étendue ; et même aujour-
d'hui, après quarante ans d'expériences, nous
en sommes encore aux essais. On n'est pas par-

venu jusqu'ici à mettre le pouvoir électif en équilibre soit avec les différents pouvoirs qui émanent de lui, soit avec les pouvoirs héréditaires. Il en a toujours existé un qui a écrasé les autres de sa supériorité, et c'est la cause de nos fréquentes révolutions. Cet important problème est encore et restera peut-être long-temps à résoudre; vérité assez triste, surtout lorsque l'on songe que l'on ne jouira en France d'une tranquillité vraiment durable que lorsqu'on y sera parvenu.

Deux vérités dont la démonstration est facile, et qu'il est, je crois, impossible de contester, peuvent guider dans cette importante recherche : la première est *la supériorité du pouvoir électif sur le pouvoir héréditaire, et la seconde l'accroissement de force que la centralisation ajoute au pouvoir.*

La supériorité du pouvoir électif est due d'abord à la sagacité de l'esprit d'élection, qui est si habile à découvrir, et qui va chercher dans tous les rangs de la société l'homme le plus propre à l'emploi auquel elle le destine (1); en-

---

(1) C'est, je crois, à ce principe électif, qui dominait à Rome et dans les républiques grecques, qu'il faut attribuer

suite à la force dont l'opinion publique entoure celui qu'elle regarde comme son ouvrage. Le pouvoir héréditaire est livré au contraire aux chances ordinaires de la nature, qui, peu prodigue de grands talents, les perpétue rarement dans une famille. Il n'a rien non plus à attendre de l'opinion, qui n'a rien fait pour lui, et qui lui demeure toujours étrangère. Ce sont deux principes de vie et de puissance dont il est privé, ce qui doit nécessairement le rendre très inférieur au pouvoir-électif.

La force que la centralisation communique au pouvoir est un fait attesté par l'histoire, et qui dérive de l'unité et de la promptitude de son action.

A une époque où le principe électif tend à s'introduire dans la plupart des états de l'Europe, où il prend chez quelques uns de nouveaux développements, il est bien important d'en étudier les effets, et de chercher les moyens de le mettre en harmonie avec les pouvoirs héréditaires ; sans cela, la lutte qui s'établira entre eux

---

¹a multitude de grands hommes qui y paraissent continuellement sur la scène, et qui y sont jetés avec une si étonnante profusion.

portera le trouble et le désordre dans toutes les sociétés. Cette lutte existe maintenant en France, en Bavière, dans la Hesse électorale, dans le grand-duché de Bade; elle ne peut tarder à s'établir en Angleterre. Les révolutions même de Pologne et de Belgique, qui pourraient être attribuées à la haine d'une oppression étrangère, et qui tirent sûrement un haut degré d'irritation des animosités nationales, ont cependant pour principe l'esprit de résistance dont chez ces deux nations les corps électifs sont animés contre les pouvoirs héréditaires. Cet esprit survivra à leur émancipation, et la lutte du congrès belge et de la diète polonaise continuera probablement à l'égard des souverains qui auront à régner dans ces deux pays. En France nous avons vu ces éternels combats entre les pouvoirs ramener toujours de nouvelles révolutions, dont chacune devait être irrévocablement la dernière. Cet état de choses fatigant pour la société, dont il perpétue le malaise, ne peut cesser que lorsque l'on aura fait l'application d'une théorie qui permette aux différents pouvoirs d'agir dans toute leur force, sans que l'un d'eux puisse prendre une supériorité qui détruise tout équilibre. C'est l'extrême difficulté d'établir cette théorie qui fait que les gouvernements à *contre-*

poids ne peuvent exister que chez les nations très éclairées; il est bien plus facile d'établir tout d'un coup une domination dont la supériorité ne soit contestée par personne. Rien de plus simple qu'un gouvernement despotique.

—

DE LA SUPÉRIORITÉ DU POUVOIR ÉLECTIF SUR LE POUVOIR HÉRÉDITAIRE.

J'ai dit que le pouvoir électif était infiniment plus fort que le pouvoir héréditaire, je dois en apporter des preuves. Les exemples malheureusement ne manqueront pas, et les combats qu'ils se sont livrés nous ont coûté souvent bien cher. La première lutte de ce genre dont nous ayons été témoins a eu lieu entre Louis XVI et les états-généraux. On put juger dès le commencement de cette grande action à quel point la lutte entre eux était inégale. Les premiers actes des états-généraux annoncent un pouvoir qui sent toute sa force. La résistance calme et dédaigneuse qu'ils opposent aux coups d'autorité que l'on employait contre eux montre toute la supériorité du pouvoir dont ils étaient investis sur celui qui les attaquait. Aussi vit-on bientôt la puissante monarchie de Louis XIV, avec ses institutions, ses forteresses, ses nombreuses armées, tomber tout d'un coup devant une assemblée qui n'était défendue que par une population sans armes. Exemple d'autant plus frappant de l'extrême puissance du principe électif, qu'il nous montre une assemblée qui par sa nature manque d'unité d'action, triomphant, presque sans résistance, du pouvoir le plus concentré. On a attribué généralement à la faiblesse de Louis XVI ses revers dans la lutte qu'il eut à soutenir contre les deux premières assemblées électives ; mais je crois que la position de ce malheureux prince a toujours été mal appréciée, ainsi que la nature du pouvoir qu'il avait à combattre. Ni la fermeté ni le courage militaire, dont on lui a reproché de manquer, ne lui eussent servi de rien ; ses armes se fussent brisées contre le pouvoir électif, comme autrefois les armes des souverains se brisaient contre la puissance religieuse. Des convictions intimes peuvent seules lutter contre des convictions de la même nature, et le pouvoir qu'elles abandonnent doit nécessairement succomber. Louis XVI, opposé par caractère aux mesures violentes, n'y eut pas recours, et ce n'est pas là ce qui le perdit, mais bien la distribution si inégale des pouvoirs créés par la constitution de 1791. Il fallait que la nature du pouvoir électif fût alors bien inconnue, pour qu'une assemblée composée d'hommes aussi éclairés eût pu laisser en présence deux pouvoirs entre lesquels, par la manière dont ils étaient combinés , nul équilibre n'était possible. Un pouvoir héréditaire , en telles mains qu'il eût été placé, devait nécessairement succomber sous l'influence d'une assemblée élective, agissant avec une force prodigieuse sur le pouvoir héréditaire, qui n'en avait aucune pour réagir sur elle. Nous avons vu, depuis, les assemblées électives subir le joug à leur tour : j'en dirai la raison dans le chapitre suivant ; dans celui-ci je veux montrer seulement combien la puissance que communique le principe électif est supérieure à celle qui dérive du principe héréditaire ; et si après l'exemple que je viens citer il est nécessaire d'en apporter une nouvelle preuve, je n'en connais pas de plus décisive que le retour de Napoléon de l'île d'Elbe. Ici c'est encore un pouvoir électif qui , seul, désarmé, force par sa seule présence un souverain héréditaire à sortir en fugitif de ses états. Sans doute, le génie et l'audace de Napoléon eurent une part dans le succès de l'entreprise ; mais celle du principe au nom duquel il se présentait fut encore plus grande. Sans lui, il eût probablement éprouvé le sort de Murat lorsqu'il fit la même tentative dans le royaume de Naples.

La force du principe électif est cause que les partis ou les nations attaqués par des forces supérieures y ont toujours recours dans leurs plus grands dangers. C'est par elle que l'on peut trouver la raison de bien des événements qui sans cela seraient inexplicables dans l'histoire, tels que la résistance du parti calviniste (1) aux catholiques, qui, en France, étaient vingt fois plus nombreux, celle des Hollandais à Philippe II, celle des Vendéens à toutes les forces de la république, et celle bien plus étonnante encore que les Polonais opposent maintenant aux efforts des Russes. Otez aux partis les plus faibles cette confiance et cette force qu'ils trouvent dans l'élection de leurs chefs, et vous les verrez bientôt vaincus.

Cette supériorité du pouvoir électif sur le pouvoir héréditaire étant reconnue, on ne pourra révoquer en doute celle plus évidente encore qui résulte de la concentration du pouvoir ; et, ces

---

(1) Henri IV avait été pendant quinze ans le chef électif du parti calviniste avant d'être roi de France ; il avait été élu à la Rochelle en 1576. Le prince de Condé avait de même été élu son lieutenant-général par les députés des églises réformées.

deux données une fois admises, j'en tirerai la *conclusion* que, dans l'intérêt de l'équilibre des pouvoirs, *si l'on doit concentrer le pouvoir héréditaire à cause de sa faiblesse, il faut diviser le pouvoir électif, pour prévenir les dangers qui naîtraient de l'excès de sa force.*

DU POUVOIR ÉLECTIF CONCENTRÉ.

—

De 1792 à 1814 les pouvoirs héréditaires ont cessé d'exister en France. Elle n'a plus été gouvernée que par des pouvoirs électifs. Pendant ces vingt-deux années, tous les essais de gouvernement qui ont été faits n'ont jamais pu les amener à se mettre en équilibre. Les assemblées électives, trop fortes pour un pouvoir exécutif héréditaire, se trouvèrent trop faibles devant un pouvoir électif concentré ; et c'est une des époques les plus déplorables de notre histoire, par l'oppression dont les députés de la nation y furent constamment les victimes. La convention fut décimée par un comité de salut public de douze membres, qui proscrivit et envoya à l'échafaud tout ce qui eut le courage de s'opposer à ses desseins. Dans la constitution de l'an III, l'assemblée élective fut divisée en deux chambres, ce qui devait nécessairement l'affaiblir, tandis que le pouvoir exécutif fut

concentré entre les mains de cinq directeurs. Il
résulta de cette combinaison ce qui nécessairement devait en arriver : c'est qu'au premier si-
gne d'opposition que donnèrent les deux conseils (des anciens et des cinq cents), ils furent
écrasés par la puissance élective du directoire,
qui envoya leurs membres les plus distingués
périr dans les déserts de Sinnamary. Bonaparte
fit le 18 brumaire, et chassa les deux conseils,
comme autrefois Cromwell avait chassé ce long
parlement, qui avait été si redoutable à Charles Ier. Il faut bien remarquer ici l'extrême fa-
cilité avec laquelle ces pouvoirs de gouvernements électifs dominent les assemblées électives,
qui ont un ascendant si terrible sur les gouvernements héréditaires. Cela donne tout d'un
coup la mesure de la distance immense qui
existe entre ces deux natures de pouvoirs. A la
suite de cette révolution, le pouvoir exécutif fut
concentré entre les mains de trois consuls, tandis que la puissance législative élective fut divisée en trois corps, le sénat conservateur, le tri-
bunat et le corps législatif. Ainsi l'on concen-
trait toujours davantage le pouvoir le plus fort,
tandis que l'on divisait de plus en plus celui qui
était le plus faible ; marche tout opposée à celle
qu'il eût fallu suivre pour arriver à l'équilibre

des pouvoirs : aussi se dérangeait-il de plus en plus, et fut-il rompu sans retour lorsque Napoléon se trouva investi du pouvoir le plus formidable qui puisse exister parmi les hommes, un pouvoir électif concentré sur une seule tête. Il remplit dans toute son étendue la mission d'un tel pouvoir : terrible pour les ennemis extérieurs, il ne fut pas moins redoutable aux libertés publiques, qui pendant tout son règne ne purent élever la voix ; mais tel est le prestige attaché au principe électif, qu'il protège encore sa mémoire, et la défend contre la haine que devrait inspirer le souvenir de sa tyrannie.

Le pouvoir électif concentré, admirable par la puissance de son action à l'extérieur, réagit avec trop de force sur le gouvernement intérieur. Je n'en conclurai pas l'impossibilité de le mettre en harmonie avec les autres pouvoirs ; mais les tentatives qui ont été faites jusqu'à présent ont été si malheureuses que l'apparition d'un tel pouvoir ne serait pas moins redoutée en France que dans le reste de l'Europe, qui prendrait aussitôt les armes pour lui résister (1). Il

---

(1) La monarchie de Louis-Philippe est d'une nature tout héréditaire ; c'est là ce qui a conservé jusqu'ici la

existe pourtant aux États-Unis, et son action y est modérée et bienfaisante ; mais il faut bien remarquer que la position des États-Unis n'y exige aucun développement de forces, qu'une armée des ix mille hommes y suffit à une nation de douze millions d'habitants, et qu'ainsi l'action du pouvoir exécutif n'y peut avoir la même force qu'en France, où l'on est obligé de mettre à sa disposition des forces bien plus considérables. A Rome, où presque tous les pouvoirs d'action étaient électifs, on connaissait bien leurs inconvénients et leurs avantages. On y redoutait surtout leur réaction sur le gouvernement intérieur, on sentait qu'ils étaient toujours prêts à s'emparer de la tyrannie : aussi dès qu'un citoyen était entouré d'une faveur populaire trop éclatante, comme alors il pouvait prétendre à tout, on portait d'abord contre lui une accusation de tyrannie à laquelle il n'échappait jamais. C'était contre ce pouvoir qu'était dirigée à Athènes la loi de l'ostracisme ; et un moyen bien plus terrible était employé contre

---

paix en Europe. Son attitude hostile dans les premiers moments vient probablement d'une méprise à cet égard ; on l'a redouté comme un pouvoir électif.

lui dans toutes ces anciennes républiques : c'était ce principe de droit public universellement reconnu, qui permettait d'assassiner tout citoyen soupçonné d'aspirer à un trop grand pouvoir. Tous ces moyens de résistance ne sont plus heureusement dans nos mœurs ; aussi le danger dont un pouvoir exécutif électif serait pour la France, et pour toute grande nation européenne, serait d'autant plus grand que les moyens de le contenir y sont encore inconnus.

DU DÉFAUT D'ÉQUILIBRE DES POUVOIRS SOUS LA RESTAURATION.

Le pouvoir exécutif héréditaire reparut avec la restauration; et ce pouvoir, plus modéré par sa nature que le pouvoir électif, est par sa faiblesse même (1) bien plus favorable au développement des libertés publiques. On ne peut se dissimuler que pendant seize ans il ne leur ait fait la guerre, qu'il n'ait employé contre elles tous les moyens de ruse et de séduction qui étaient en son pouvoir, sans les empêcher de s'accroître; et le jour où il voulut employer contre elles la force ouverte, il fut anéanti. Le germe de cette catastrophe était dans la charte de Louis XVIII, et l'on pourrait lui reprocher

(1) Je n'entends parler que de sa faiblesse relative au pouvoir électif.

d'avoir préparé lui-même la chute de sa dynas-
tie, si l'on ne savait que les circonstances sont
presque toujours plus fortes que les hommes,
et que ce sont elles qui président surtout à la
distribution des pouvoirs.

Ceux qui avaient été créés par la restauration étaient : un pouvoir exécutif héréditaire,
une chambre des pairs héréditaire , et une
chambre des députés élective. Il résultait de
cette combinaison que *le pouvoir électif concentré dans une seule chambre devait avoir une
énergie trop grande pour les deux pouvoirs héréditaires , et finir par les renverser.*

En important en France la théorie de la constitution anglaise , on n'avait pas fait réflexion ,
sans doute , que l'équilibre des pouvoirs dans
cette constitution dépend *du vice du système
électoral qui y est établi ;* que ce vice , en affai-
blissant la chambre des communes , lui permet
d'être en harmonie avec les deux pouvoirs héréditaires ; mais qu'en France , où le système
électoral est bien plus développé , la chambre
des députés , investie du pouvoir électif , devait
prendre un ascendant qui renverserait tout équilibre. Les actes des deux souverains qui ont ré-
gné pendant les seize années de la restauration
révèlent toutes les anxiétés que leur causait cet

ascendant de la chambre élective (1). C'est pour y résister que la loi du double vote avait été faite; que tous les efforts de ce gouvernement avaient pour but de fausser l'action électorale, et de neutraliser l'énergie de son principe; mais lorsqu'il vit que rien ne pouvait l'empêcher de se développer, que l'ascendant de la chambre élective allait toujours en croissant, ce fut le désespoir qui lui dicta les fameuses ordonnances. Il est certain que la force de la chambre élective était hors de proportion avec celle des deux autres pouvoirs, et que ce défaut d'équilibre était dû à l'existence de la chambre héréditaire. Si elle eût été élective, le pouvoir électif, étant divisé, eût été plus faible, ou du moins sa force, contenue par elle-même, eût été plus en rapport avec celle de la couronne. Il est donc évident que c'est la couronne surtout qui est intéressée à la division d'un pouvoir qui serait

----

(1) M. Cottu, en proposant de fortifier les pouvoirs héréditaires, avait certainement pour but de ramener l'équilibre entre les pouvoirs; mais je ne crois pas que les moyens dont il voulait se servir fussent exécutables.

trop redoutable s'il restait coucentré dans une seule chambre. On craint cependant en France que la chambre héréditaire ne soit maintenue, et je crois cette crainte tout-à-fait sans fondement. Comment supposer que l'on puisse conserver une combinaison politique qui a amené une telle catastrophe? Ce serait s'exposer à la voir se renouveler au premier jour. Je dis plus, c'est que partout où le principe électoral a un grand développement, on sera obligé de renoncer à concentrer le pouvoir électif dans une seule chambre. Les preuves de ce j'avance ne se feront pas attendre long-temps.

Plusieurs écrivains politiques ont exprimé l'opinion que la pairie à vie devait être substituée à la pairie héréditaire (1); mais on gagnerait

______

(1) La question de la pairie héréditaire doit être considérée maintenant comme étant hors de cause. La discussion ne s'élèvera plus d'une manière sérieuse qu'entre l'élection à vie et l'élection périodique. Si je tranche ici une question sur laquelle tant d'hommes plus habiles que moi sont restés indécis, c'est que je ne fais que déduire une conséquence obligée d'un principe que je regarde comme incontestable : *c'est que la concentration du pouvoir électif dans une seule chambre* est subversive de tout équilibre de pouvoirs.

peu à ce changement sous le rapport de l'équilibre des pouvoirs. Le principe électif perdant toujours de sa force à mesure qu'il s'éloigne de son origine, il en conserverait bien peu pour des pairs élus depuis quinze ou vingt ans. Une chambre constituée sur ce principe serait infiniment plus faible qu'une chambre des députés qui, renouvelée périodiquement, serait une expression toujours récente de l'opinion publique, et *concentrerait toujours en elle seule la force du principe électif.* De plus, quelles garanties pourrait offrir la pairie à vie? Je vois bien qu'en Angleterre la pairie donne sa haute position sociale, ses grandes richesses et son hérédité pour garantie de son indépendance. Dans l'élection périodique, on trouverait des garanties dans le point d'honneur que chaque titulaire mettrait à être réélu ; dans la pairie à vie, je n'en aperçois aucune, et sous ce rapport du moins c'est la plus mauvaise des combinaisons. Il y a peut-être aussi de grands inconvénients à donner une trop longue durée aux pouvoirs dans un gouvernement fondé sur l'opinion ; ils sont trop sujets à s'user par leur contact avec elle ; et, une fois usés, ils ne sont plus bons à rien. Le principe électif dans toute sa simplicité, appliqué à la chambre des pairs comme il l'était au conseil des anciens, non seulement présenterait une forte garantie, mais lui donnerait une force proportionnée à celle de la chambre des députés, condition nécessaire de sa durée.

DE LA COURONNE HÉRÉDITAIRE, ET DU MINISTÈRE ÉLECTIF.

En reconnaissant qu'un pouvoir exécutif héréditaire est le plus favorable à la conservation des libertés publiques, je n'en admets pas moins que les pouvoirs mobiles (1) sont de l'essence d'un

---

(1) Les pouvoirs mobiles sont tellement analogues aux besoins de la société, telle qu'elle est organisée maintenant, que le plus fixe de tous, celui du souverain héréditaire, est obligé de revêtir cette forme mobile pour se maintenir en rapport avec elle. Si l'on créait un pouvoir fixe dans une pairie à vie, ce serait donc le seul dans l'état qui fût de cette nature ; il ne ferait qu'entraver l'action des pouvoirs mobiles, et sa résistance au mouvement de la société serait inutile, car elle aurait bientôt brisé un obstacle trop fragile pour lui résister. Comment supposer d'ailleurs qu'une nation puisse consentir librement à une chose qui, dans un particulier, serait une impardonnable imprudence, à donner des pouvoirs irrévocables!

gouvernement fondé sur l'opinion. Le nôtre peut concilier très bien ces deux principes qui semblent devoir s'exclure ; car la couronne gouverne par l'entremise d'un pouvoir qui est essentiellement mobile et électif. La charte dit que la nomination des ministres appartient au roi. Charles X le crut, et choisit son ministère dans la partie la plus exaltée de la minorité dont l'opinion avait le plus d'analogie avec la sienne. Don Pedro voulut de même choisir ses ministres d'après son opinion personnelle ; les événements terribles qui sont résulté de l'application exacte, mais peu judicieuse, d'un droit que la constitution de leur pays conférait à ces deux souverains, feront considérer comme un principe du gouvernement représentatif que le ministère ne puisse être choisi que dans la majorité des chambres, et dans la partie la plus influente de la majorité ; ce qui, restreignant beaucoup le choix du souverain, devra le faire considérer comme dicté par l'opinion ; et le ministère se trouvera ainsi revêtu de toute la force élective, tant qu'il sera en rapport avec elle. Ce principe, qui est reçu en Angleterre, sera très favorable en France à l'équilibre des pouvoirs ; car la couronne puisera ainsi dans le pouvoir électif lui-même toute la force qui lui sera nécessaire pour contrebalancer celle des assemblées électives. Mais pour cela elle doit éviter de substituer son action à celle du ministère ; car alors *l'action élective serait remplacée par l'action héréditaire*, ce qui, pour le gouvernement, aurait les plus désastreuses conséquences. On a proposé plusieurs fois que les députés ne pussent occuper de fonctions salariées dans le gouvernement, et par conséquent fussent exclus des ministères. Cette proposition a une portée bien plus étendue qu'elle ne semble l'avoir au premier aspect : elle ne tendrait à rien moins qu'à changer entièrement la forme de notre gouvernement ; car, si la couronne était obligée de choisir les ministres hors des rangs de ceux qui sont désignés par l'opinion publique, elle perdrait tout l'appui que lui prête le principe électif, et tomberait dans la plus déplorable faiblesse. Cette barrière élevée entre les pouvoirs du gouvernement et les pouvoirs représentatifs existe aux Etats-Unis ; et elle n'y a nul inconvénient, parce que le pouvoir exécutif, y étant électif, n'a nul besoin de chercher un appui dans une autre délégation de ce principe ; si elle existait en France, on y arriverait promptement à la nécessité d'établir un tel pouvoir. Je crois d'autant plus important de signaler cette erreur que déjà dans plusieurs

départements on exige des candidats des enga-
gements conformes à ce dangereux principe , et
que l'on ne peut trop se hâter de montrer le but
où il nous conduirait (1).

—

J'ai pensé que mes réflexions pourraient être
utiles , qu'elles contenaient des vérités qu'il fallait se presser de dire , et je les ai livrées à l'im-
pression. Que j'aie bien ou mal réussi , j'aurai
toujours fait un acte de bon citoyen.

Courcelle-Sur-Seine , ce 1er juillet 1831.

I

---

(1) Ce but serait inévitablement une république.